Das Freiburger Münster

Ein Führer für Kinder und Jugendliche

Herausgegeben vom
Freiburger Münsterbauverein e.V.
in Zusammenarbeit mit dem
c-punkt-Münsterforum, Freiburg

HERDER

FREIBURG · BASEL · WIEN

Freiburg und das Münster

Freiburg ist eine mittelalterliche Stadt. Sie gibt es seit mehr als 900 Jahren. Der damalige Herrscher war der Zähringer Herzog Bertold II. Er regierte über ein großes Gebiet, das sich bis in die Schweiz erstreckte. Unter seiner Burg auf dem Schlossberg entstand eine Siedlung. Diese Stelle war hierfür wie geschaffen, da sich hier zwei alte Handelswege befanden und es außerdem im Schwarzwald Silber und Erz gab. Als Bertolds Sohn Konrad dem kleinen Ort das Recht gab, dort Markt abzuhalten, entwickelte sich Freiburg rasch und wurde größer. Von überall her ließen sich Kaufleute nieder, um ihre Waren, wie Getreide, Vieh, Holz und Stoffe auszutauschen und anzubieten. Um 1200 hatte Freiburg bereits mehrere tausend Einwohner und war von einer hohen Schutzmauer mit Toren umgeben. In Freiburg lebten außer den Kaufleuten auch Handwerker, Adelige und Geistliche, also Priester, Mönche und Nonnen. Die Handwerker waren in so genannten Zünften zusammengeschlossen. Sie stellten in ihren Häusern die verschiedensten Waren her, die sie dann verkauften. Einige Straßennamen erinnern noch heute daran, so die Gerberau und die Schusterstraße.

Den Mittelpunkt der Stadt bildete der Markt und die Kirche. Schon bald nach der Gründung Freiburgs hatten die Bürger eine Pfarrkirche gebaut. Sie stand an der gleichen Stelle wie das Münster heute und war halb so groß. Auf der Zeichnung links kannst du sehen, wie sie aussah. Anfangs bot die Kirche genügend Platz, doch bald wurde sie zu klein und man begann mit einem aufwendigen Neubau. Es gab vermutlich mehrere Gründe dafür. Der Wunsch, damit Gott zu dienen, war sicher der wichtigste. Man wollte aber bestimmt auch den Reichtum und die Größe der Stadt zeigen. Auch wünschte sich Bertold V. sein Grabmal in einer prächtigen Kirche.

So eine große Kirche zu bauen, war sehr schwierig. Niemand, der bei der Grundsteinlegung dabei war, erlebte die Fertigstellung. Über 300 Jahre haben die Menschen am Münster gebaut. Bezahlt wurde der Neubau aus Spenden und dem Verkauf von Silber und Erzen.

Von der Baustelle des Münsters im Mittelalter gibt es im Museum für Stadtgeschichte am Münsterplatz ein Holzmodell. Dort kann man die Kräne und Gerüste von früher sehen.
Die Steine, Figuren und Balken wurden mit Hilfe von Laufrädern und Seilwinden hochgezogen. Solche Laufräder stehen noch heute in den Dachstühlen und im Turm des Münsters. Besonders schwierig war es, die großen Bögen und die Gewölbe der Decken zu bauen. Die Zimmerleute errichteten zunächst so genannte Lehrgerüste aus Holz und legten über diese dann die Steine.

Im Mittelalter war das Münster nicht nur Versammlungsort für Gottesdienste und ein Andachtsraum für Gebete. Im Innern gab es Gerichtsverhandlungen und von der Kanzel wurden Strafen und städtische Beschlüsse verkündet. Auch in das Marktleben war das Münster mit einbezogen. Am Westturm sind verschiedene mittelalterliche Maße eingeschlagen. Mit ihnen konnten die Menschen überprüfen, ob die Waren, die sie auf dem Markt gekauft hatten, auch die richtige Größe hatten. Etwas südlich vom Münster stand das Kaufhaus, im Westen lag das Kranken- und Pflegehaus und um die Kirche war der Friedhof mit einer hohen Mauer. Die ehemalige Friedhofskapelle auf der Nordseite markieren heute rote Steine im Pflaster zwischen Münster und Stadtbücherei. Viele Gräber befinden sich noch heute unter dem Pflaster in etwa zwei Metern Tiefe.

Münster Unserer Lieben Frau

„Münster“ kommt vom lateinischen Wort „monasterium“ (Kloster). Mit einer Klosterkirche hat das Freiburger Münster allerdings wenig zu tun. Vielmehr werden so viele große Kirchen im Süden von Deutschland, der Schweiz und dem Elsass genannt, wie z.B. das Ulmer Münster, das Basler Münster oder das Straßburger Münster.

„Unsere Liebe Frau“ ist ein Ehrenname für Maria, die Mutter Jesu. Nach ihr ist das Münster benannt, und ihr ist es geweiht. Weil sie aus dem Glauben an Gott gelebt hat, ist sie für die Menschen ein Vorbild. Am und im Münster gibt es über 120 Darstellungen von ihr.

Zimmerleute beim Bau der Gerüste für die Langhausgewölbe. Noch heute befindet sich im Dachstuhl des Langhauses ein Laufrad.

Einmal rund um das Münster

Bevor du in die Kirche gehst, solltest du sie dir erst einmal von außen anschauen. Vom Historischen Kaufhaus, dem alten roten Gebäude auf der Südseite, hast du den besten Überblick. Diese Seite des Münsters ist besonders schmuckvoll gestaltet. So gibt es dort mehr Skulpturen als auf der Nordseite. Außerdem sind die Fenster viergeteilt, im Norden dagegen nur dreigeteilt.

Um das Jahr 1200 begann der Bau der neuen Kirche unter dem Herzog Bertold V. von Zähringen. Auf den beiden Zeichnungen auf Seite 2 und 7 kannst du erkennen, wie die Bauleute die Kirche errichtet haben. Die alte Kirche wurde nur nach und nach abgerissen, während man die neuen Mauern hochzog. So konnten weiterhin Gottesdienste stattfinden. Den Namen des Baumeisters, heute sagen wir Architekt, kennen wir nicht. Er kam mit anderen Bauleuten und Steinmetzen aus Basel, nachdem dort das Münster gerade fertig geworden war. Heute sieht das Münster anders aus als auf der Zeichnung. Der Chor ist viel größer und die Hahnentürme um einiges höher. Wie beim Langhaus bestehen die Chormauern aus großen Fenstern, jedoch mit noch reicherem Maßwerk als dort, es sind noch mehr Bögen und Pfeiler mit Verzierungen zu sehen.

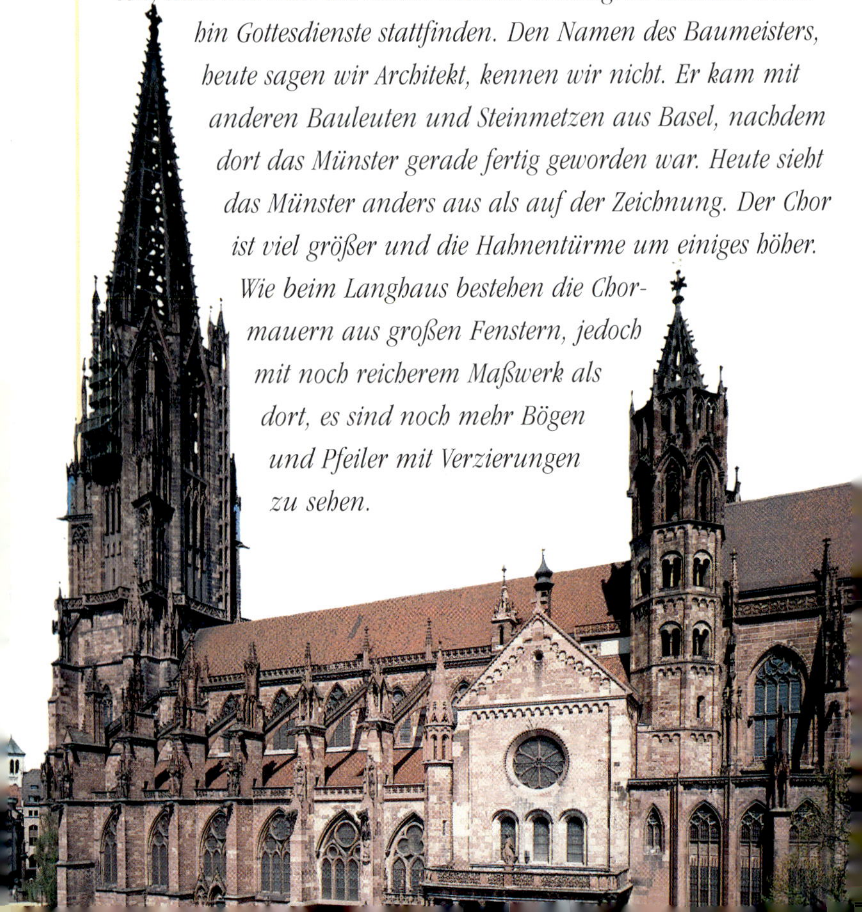

Wie es anfing

Das Querhaus

In der Mitte der Kirche siehst du die ältesten Bauteile. Hier scheint ein kleines Haus aus der Kirche herauszuwachsen. Man nennt es Querhaus. Die Kirchen des Mittelalters haben gewöhnlich die Form eines Kreuzes und bestehen aus einem Langhaus, einem Querhaus und dem Altarraum, dem so genannten Chor.

Durch drei hohe, schmale und ein großes rundes Fenster dringt etwas Licht in die Kirche. Oben auf dem Dach steht ein steinernes Kreuz. Ähnlich gebaut sind auch die unteren Stockwerke der beiden Türme hier. Wegen der goldenen Hähne auf den Spitzen werden sie von den Freiburgern „Hahnentürme" genannt. Erst später erhielten die Hahnentürme die Aufsätze mit den spitzen Fenstern und den offenen Turmspitzen. Wie beim Querhaus gibt es unten überall Maueröffnungen, die oben rund sind, und kleine runde Bögen, die die Mauern verzieren. Die Fenster sind im Gegensatz zu den anderen Fenstern am Münster klein und die Mauern ungeheuer dick. Diese Art zu bauen, nennt man **Romanik**.

Wie es weiterging

Das Langhaus

Links vom Querhaus schließt sich das Langhaus an. Dieser Teil des Münsters und auch der anschließende Hauptturm sehen anders aus. Riesige Pfeiler und Steinbögen stützen die Mauern ab. Überall gibt es Türmchen und große Figuren. Die Fenster sind so groß, dass es kaum noch Wandflächen gibt. Sie laufen oben spitz zu und haben innen Steinverzierungen. Diese Verzierungen heißen Maßwerk. Dies ist ein anderer Baustil, den man **Gotik** nennt.

Wieso ist der eine Teil romanisch und der andere gotisch? 1218 war Herzog Bertold gestorben. Da er keinen männlichen Nachfolger hatte, kam eine neue Herrscherfamilie nach Freiburg. Es waren die Grafen von Urach, die sich dann die Grafen von Freiburg nannten. Dieser Machtwechsel führte zu einer Bauunterbrechung.

Als man die Arbeiten wieder aufnahm, gefiel den Freiburgern und den Grafen die Romanik nicht mehr. Sie hatten gesehen, dass die Straßburger ihre Kathedrale in dem neuen gotischen Baustil errichteten, der in Frankreich erfunden worden war. Man hatte neue Techniken entwickelt, um die Kirchen höher, heller und mit größeren Fenstern zu bauen. Vermutlich bauten Steinmetze aus Straßburg das Freiburger Münster im gotischen Stil weiter.

Romanik

Gotik

Spätgotik

Der Turm im Westen

Über 60 Jahre haben die Freiburger für den Bau des Hauptturms gebraucht. Er ist etwa so hoch wie ein 42-stöckiges Hochhaus (116 Meter) und ragt wie ein riesiger Zeigefinger in den Himmel und damit symbolisch zu Gott. Die untere Turmhälfte besteht aus schweren Mauern und mächtigen Pfeilern. Über der Turmuhr geht die viereckige Form des Turms in ein Achteck über. Wegen der eingebauten Ziertürmchen und Ecken fällt das kaum auf. Oben sind riesige Öffnungen, die von Giebeln bekrönt werden. Die Turmspitze besteht aus vielen durchbrochenen Steinplatten, durch die das Licht scheint. So entsteht der Eindruck, dass sich der Turm zum Himmel hin öffnet. So etwas hatte es bis dahin noch nicht gegeben. In vielen Städten hat man später versucht, die Turmspitze nachzubauen, doch nirgendwo wurde sie so schön wie in Freiburg.
Ganz oben auf der Spitze leuchten eine goldene Sonne und ein goldener Mond.

Wie es vollendet wurde

Der Chor

Der alte Chor war den Freiburgern zu klein geworden. Man baute stattdessen einen größeren und moderneren gotischen Chor, den viele kleine Kapellen umgeben. In diesen kleinen Gebetsräumen feierten früher wohlhabende Familien Gottesdienste. Sie benutzten sie auch als Familiengräber.

Wie beim Langhaus sieht man viele Steinbögen und Pfeiler mit Türmchen und große spitzbogige Fenster. Allerdings sind die Schmuckformen am Chor reicher. Das Maßwerk besteht nicht mehr aus Kreisen, sondern hat sehr unterschiedliche und verschlungene Muster. Diese Art zu bauen, heißt **spätgotisch**.

Während der Arbeiten ging den Freiburgern das Geld aus. Kaum hatten die Bauleute die Mauern etwas hochgezogen, wurde der Bau unterbrochen. Silber und Erz im Schwarzwald gab es fast nicht mehr. Kriege und die Pest waren durch ganz Europa gezogen. Erst 150 Jahre später wurde weitergearbeitet. Mitte des 16. Jahrhunderts, nach über 300 Jahren, war das Münster endlich fertig.

Heiligenfiguren und Wasserspeier

Außen am Münster gibt es viele Figuren. Sie alle wurden von Bildhauern aus großen Sandsteinblöcken mit der Hand gearbeitet. Auf den Pfeilern stehen unter kleinen Dächern, die Baldachine genannt werden, Könige, Propheten, Apostel und Heilige. Es sind Menschen, die wegen ihres vorbildlichen religiösen Lebens und ihrer Nähe zu Gott verehrt werden.

Auffallend sind die vielen Wasserspeier. Es gibt 91 verschiedene von ihnen. Sie sind in mehreren Reihen und fast waagerecht an den Pfeilern angebracht. Man sieht scheußliche Monster, Löwen, Hunde, Pferde, Rinder und Menschen. Wahrscheinlich sollten sie böse Geister und Unglück vom Münster fernhalten. Denn das Böse verabscheut angeblich sein Spiegelbild. Besonders auf der Nordseite haben die Wasserspeier die fürchterlichsten Fratzen, weil man glaubte, dass aus dem Norden alles Übel kommt. Gleichzeitig haben diese Wesen einen praktischen Nutzen: Auf ihnen verlaufen Rinnen, in denen das Regenwasser durch die Münder und Mäuler der Figuren von den Mauern abgeleitet wird.

Die Chorportale

Das Südportal

Am Chor siehst du ein mit Figuren geschmücktes Portal. Im Bogenfeld über der Tür liegt Maria sterbend auf einem Bett. Darüber hält Christus ihre Seele, ein verkleinertes Bild von Maria, im Arm. Oben nimmt er sie als Königin in den Himmel auf. Rechts außen trägt dagegen Maria als junge Mutter ihr Kind Jesus.
Links am Portal steht Christophorus mit dem Jesuskind auf seinen Schultern.

Der Legende nach soll Christophorus sehr groß gewesen sein. Er wollte nur dem mächtigsten König der Welt dienen. Als der König Angst vor dem Teufel bekam, beschloss Christophorus, nun für ihn zu arbeiten. Denn der Teufel schien mehr Macht als der König zu haben. Der Teufel zeigte jedoch Furcht vor dem Kreuz. Das ist das Zeichen für den gekreuzigten Jesus. Daher wollte Christophorus nun Jesus dienen. Er wusste aber nicht, wie er zu ihm gelangen konnte. Also befragte er einen weisen Mann, der ihm riet, zu beten und zu fasten. Da dies nicht seine Sache war, schlug ihm der Mann vor, Menschen über einen reißenden Fluss zu tragen, an dem es keine Brücke gab. Dort würde ihm Jesus Christus vielleicht begegnen. Eines Tages kam ein kleiner Junge. Christophorus trug ihn durch den Fluss und wunderte sich, warum das Kind so schwer war. Als er den Jungen abgesetzt hatte, gab sich dieser als Jesus Christus zu erkennen. Er war der Legende nach deswegen so schwer, weil er die gesamte Welt in Händen gehalten hatte. So erwies sich für Christophorus der Dienst am „kleinsten Menschen“ als Begegnung mit dem größten König.

Das Nordportal

Wenn du um den Chor herumgehst, entdeckst du ein anderes Portal, das so genannte „Schöpfungsportal".

Links unten am Portal kannst du eine Inschrift erkennen. Sie erinnert an das Jahr, in dem der Chor begonnen wurde. Die Wörter sind kaum zu entziffern und schwer zu verstehen.

Dort steht: „Von-gottes-geburt-in-mccc-und-liiii-jar-an-unser-frowen-abent-in-der-vasten-leit-man-den-ersten-Stein-an-disen-kor". Übersetzt heißt dies, dass am Vorabend des 25. März 1354 der Grundstein des Chors gelegt wurde. Wir können froh sein, dass die damaligen Baumeister diese Inschrift eingemeißelt haben. Es ist das erste genaue Datum, das wir zur Baugeschichte des Freiburger Münsters kennen.

Die Figuren im äußeren Bogen erzählen von der Erschaffung des Menschen und der Welt. Dazu gibt es in der Bibel zwei Texte. Im ersten Text heißt es: In sechs Tagen schuf Gott Himmel und Erde, Licht und Finsternis, das Himmelsgewölbe, Wasser und Land, Bäume und Pflanzen, Sonne, Mond und Sterne sowie Fische, Vögel und Landtiere. Schließlich schuf er die Menschen ihm ähnlich als Männer und Frauen. Gott übergab ihnen die Pflanzen und Tiere, damit sie in seinem

Sinne die Erde bevölkern und bewahren. Am siebten Tag ruhte Gott. Er erklärte diesen Tag für heilig. Auch heute haben wir diese Wocheneinteilung mit sechs Arbeitstagen und einem Ruhetag.

Im Bogen unten siehst du Bilder aus der zweiten Geschichte der Bibel. Sie erzählt von Adam und Eva, die im Paradies, einem wunderschönen Garten, von Gott geschaffen wurden. Gott erlaubt ihnen, dort zu leben und von allen Bäumen des Gartens zu essen, nicht jedoch vom so genannten Baum der Erkenntnis zwischen Gut und Böse. Du siehst unten, wie sich die Menschen von der Schlange verführen lassen, von dem Baum zu essen. Deshalb werden sie aus dem Garten vertrieben. Von nun an müssen sie für ihren Lebensunterhalt arbeiten: Der bärtige, alte Adam gräbt das Feld um, Eva sitzt am Spinnrad. Rechts unten schöpft ein Kind Wasser. Diese Geschichte nennt man auch den „Sündenfall".

Über diesen Darstellungen thront Gott, der Schöpfer von Himmel und Erde. Links betet ihn ein Engel an. Rechts ist der Engel Luzifer dargestellt, der sich mit Gott auf dieselbe Stufe stellen wollte. Er hat noch den Schemel, den er dabei zur Hilfe nahm, in der Hand. Wegen seines Hochmutes verwandelte er sich in ein hässliches Ungeheuer und wird der Legende nach zum Teufel.

Die Schöpfungsgeschichte

1. Gott schafft Himmel und Erde (oder Sonne und Mond)
2. Gott schafft das Himmelsgewölbe
3. Gott schafft die Bäume und Pflanzen
4. Gott schafft die Gestirne (Planeten und Sterne)
5. Gott schafft die Fische und Vögel
6. Gott schafft den Menschen
7. Gott ruht sich von seiner Schöpfung aus

Der Sündenfall

8. Eva reicht Adam den verbotenen Apfel vom Baum
9. Der Engel vertreibt Adam und Eva aus dem Paradies
10. Adam und Eva müssen arbeiten

Der Engelsturz

11. Luzifer wird von Gott aus dem Himmel gestoßen

1
2
3
4
5
6
7
8
9
10
11

Die Turmvorhalle

Am Münsterturm findest du den Haupteingang. Dort öffnet sich unter dem großen Dreiecksgiebel eine riesige Halle. Über diesem Eingang befindet sich ein Relief mit der Krönung Marias. Sie ist oft als Himmelskönigin dargestellt (→Hochaltar).

An den mächtigen Pfeilern, seitlich des großen Turmeingangs, sind mittelalterliche Maße eingemeißelt. Früher hatte man andere Maße als heute, und sie waren von Stadt zu Stadt oft unterschiedlich. Zentimeter und Meter, Kilogramm und Gramm gab es noch nicht, dafür aber die Elle, um die Länge von Stoffen und Bändern abzumessen, den Klafter, den Zuber und andere. Die Maße am Münster galten für die Stadt Freiburg und die Umgebung.

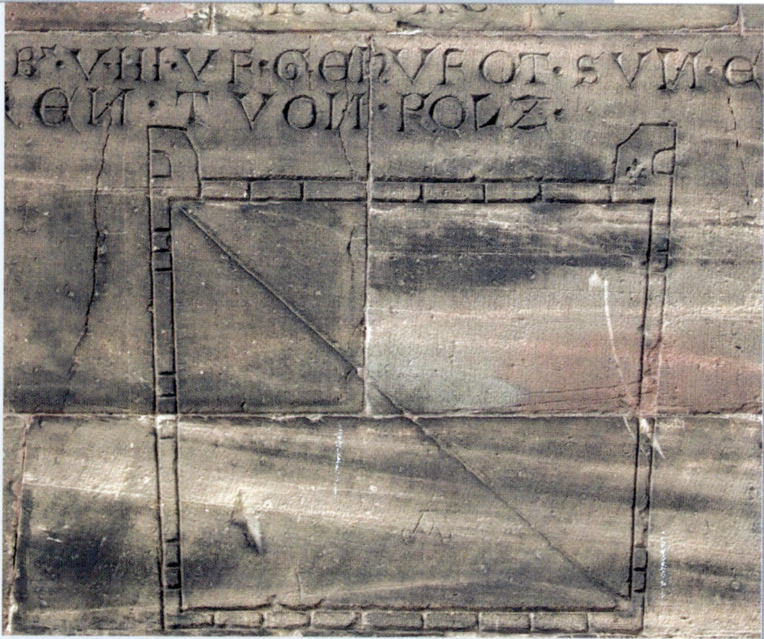

Ein Zuber ist ein Maß für Holzkohle.

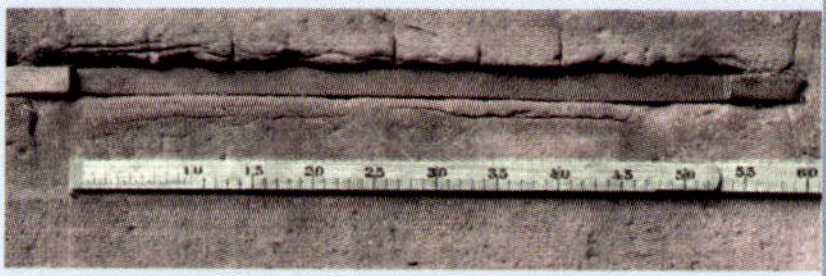

Die Elle ist ein Längenmaß.
Eine Freiburger Elle ist 0,54 cm.

Ein Sester ist ein Maß für Getreide.

Die Größe von Ziegeln

In der Vorhalle sind jede Menge Figuren zu sehen: Große und kleine, mal stehen sie aufgereiht an der Wand, mal werden im Relief (Bildfläche mit Figuren) Geschichten erzählt. In dem großen Bogenfeld über der Tür ist das Leben Jesu und das Ende der Welt dargestellt, so wie man sich das im Mittelalter ausmalte. Niemand konnte und kann natürlich bis heute wissen, was sich nach dem Tod und dem Ende der Welt abspielt. Man machte sich aber schon damals Vorstellungen davon, wie alle Menschen gerecht von Gott behandelt werden.

Das Bogenfeld ist eingeteilt in drei Felder. Unten rechts siehst du die Geburt Jesu, daneben seine Gefangennahme und darüber in der Mitte Jesus am Kreuz. Im unteren Feld erwachen die Toten wieder zum Leben. Sie steigen aus den Gräbern und werden danach beurteilt, wie sie lebten. Dies

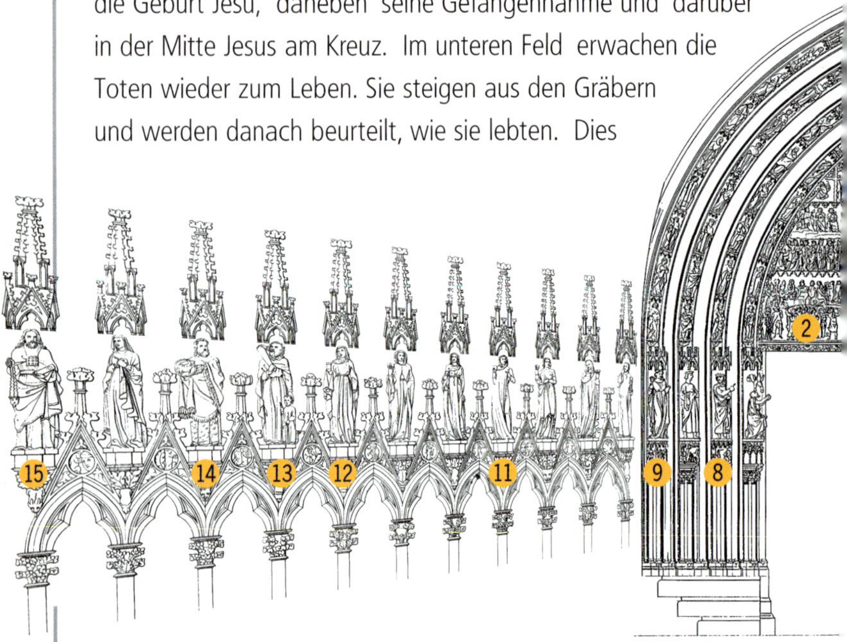

Hauptportal

1. Geburt Jesu
2. Leidensgeschichte Jesu
3. Jesus am Kreuz
4. Engel, Propheten, biblische Könige
5. Maria mit dem Jesuskind
6. Verkündigung der Geburt Jesu (Maria und der Erzengel Gabriel)
7. Begegnung von Maria und Elisabeth
8. Die Heiligen Drei Könige
9. Ecclesia (verkörpert den christlichen Glauben)
10. Synagoge (verkörpert den jüdischen Glauben)

zeigt die „Seelenwaage" in den Händen des Erzengels Michael in der Mitte. Der gute Wille und die Taten des geprüften Menschen lassen die Waagschale links sinken. Rechts versucht ein Teufelchen die Waage herunterzuziehen. Daneben ringt ein großer Teufel wütend mit den Händen, da dies dem kleinen Teufelchen offenbar nicht gelingt. Weil er seine Hände zusammenschlägt, wurde er gern das „betende Teufelchen" genannt. Es heißt, dass die Handwerksgesellen, die damals von einer Stadt zur nächsten zogen, als Beweis dafür, dass sie in Freiburg gewesen waren, dem Meister zu Hause sagen mussten, wo sich diese Figur befindet.

Links über der „Seelenwaage" führt Maria Menschen zum gekreuzigten Jesus als Zeichen dafür, dass sie in den Himmel aufgenommen werden. Rechts werden unter anderem ein König und ein Bischof von Dämonen in einen Höllenrachen abgeführt.

Nordwand

⓫ Jesus Christus und die fünf klugen Jungfrauen
⓬ Maria Magdalena
⓭ Abraham und Isaak
⓮ Johannes der Täufer
⓯ Die Eltern von Johannes (Elisabeth und Zacharias)

Südwand

⓰ Die fünf törichten Jungfrauen
⓱ Die sieben freien Künste (Grammatik, Dialektik, Rhetorik, Musik, Geometrie, Arithmetik, Astronomie)

An der Südwand der Turmvorhalle befinden sich die Figuren der Sieben freien Künste. Es sind die sieben wichtigsten Schulfächer des Mittelalters, dargestellt als sieben Frauen. Zu ihnen gehören zum Beispiel die Musik mit der Glocke in der Hand, die Geometrie mit Winkelmaß und Zirkel sowie die Grammatik, das ist die Sprachkunst, mit einer Rute und zwei Schülern: einem fleißigen, der in einem Buch liest, und einem faulen, dem die „Ohren lang gezogen" werden.

Das Leben Jesu

Bilder vom Leben Jesu stützen sich meist auf Erzählungen in der Bibel. Diese Erzählungen nennt man Evangelien. Sie sind geschrieben von den vier Evangelisten Matthäus, Markus, Lukas und Johannes. Jesus hat vor 2000 Jahren in Palästina gelebt. Er wird auch als „Messias" oder „Christus" bezeichnet. Beides heißt übersetzt „der Gesalbte" und ist ein Titel, wie auch der Begriff „Sohn Gottes". Für die Christen begegnet Gott den Menschen in Jesus Christus. Wir wissen, dass Jesus als Wanderprediger durchs Land zog. Er hatte besondere Fähigkeiten, die Menschen körperlich und seelisch zu heilen. Jesus scheute sich nicht, mit armen und verachteten Menschen zu verkehren. Trotzdem wurde er umgebracht. Er wollte den Menschen Gottes Liebe bringen und kritisierte die religiöse Lebensweise seiner Mitmenschen.

Rechts am Ausgang steht ein vornehmer Herr mit Handschuhen und einer Blume in der Hand. Aber schau ihn dir genau an. Über seinen Rücken krabbeln Kröten, Echsen und Würmer. Er heißt: Fürst der Welt. Unter ihm siehst du einen Engel mit einem Spruchband. Darauf steht in Latein: „Ne intretis in tentationem". Übersetzt heißt dies: „Fallt nicht in Versuchung". Man soll sich also nicht blenden lassen von äußerer Schönheit und falschen Versprechungen.

Dadurch kam es zum Streit mit den Vertretern von Staat und Religion. Jesus wurde als Aufrührer verurteilt und gekreuzigt. Die Christen glauben, dass Jesus bei Gott lebt und dass die Menschen dazu bestimmt sind, an dieser Gemeinschaft teilzuhaben. Deshalb versuchen sie, im Sinn Jesu zu leben.

Die Weihnachtsgeschichte

Der Evangelist Lukas erzählt, dass ein Engel zu Maria kam, um ihr die Geburt ihres Kindes anzukündigen. Die Geburt Jesu wird von den Künstlern häufig in einem Stall dargestellt. In ihm sind neben Maria, Josef und dem Neugeborenen auch ein Ochse und ein Esel zu sehen. Auf dem Feld verkünden Engel den Hirten die Geburt des Sohnes Gottes.

Der Evangelist Matthäus erzählt von drei Sterndeutern, die später als die Heiligen Drei Könige bezeichnet werden. Durch ihre Sternenbeobachtung hatten sie von der Geburt eines neugeborenen Königs erfahren, der Frieden in die Welt bringen sollte. Sie fanden Jesus und brachten ihm Geschenke (→ Altar Universitätskapelle). Auch der damalige König Herodes hatte von der Geburt gehört. Weil er um seine Macht fürchtete, wollte er das Kind töten lassen. Ein Engel hatte Maria und Josef jedoch gewarnt, so dass sie nach Ägypten flohen (→ Hochaltar).

Die Kreuzigung

In den Kreuzigungsdarstellungen sieht man oft drei Kreuze (→ Hochaltar). Neben Jesus wurden zwei Verbrecher hingerichtet. Darunter stehen meist Spötter aus dem Volk, einige Frauen aus Jesu Jünger- und Freundeskreis, der gläubige Hauptmann sowie Jesus Mutter Maria mit dem Lieblingsjünger Johannes. Am Kreuz ist meist die Inschrift „INRI" angebracht, das heißt „Jesus von Nazaret, König der Juden". Eine Legende besagt, dass Jesus an der Stelle gekreuzigt wurde, an der Adam begraben liegt. Deshalb sieht man am Fuß des Kreuzes manchmal einen Totenschädel.

Der Innenraum

Wenn du ins Münster eingetreten bist, sieh dir die Kirche erst einmal in Ruhe an. Der Raum ist durch mächtige Bündelpfeiler dreigeteilt in ein Mittelschiff und zwei Seitenschiffe. Durch die großen Fenster leuchtet das Licht. Vorn im helleren Chor steht der Gottesdienstaltar, dahinter befindet sich der Hochaltar mit den bunten Bildtafeln. Der Chor ist mit einem schönen Netzgewölbe bedeckt.

Die Apostel Philippus, Jakobus der Jüngere und Jakobus der Ältere an den Langhauspfeilern

Himmelsrichtungen und Zahlen

Vom Hauptportal aus schaust du in Richtung Osten. Wie fast alle Kirchen ist das Münster zur aufgehenden Sonne hin ausgerichtet, weil die Sonne ein Symbol für Jesus Christus ist. Der Süden steht für seine Liebe, der Westen, die Seite der untergehenden Sonne, für das Ende der Welt. Bei der Nordseite dachte man an Nacht, Schuld und Tod.

Auch die Zahlen haben in der Religion besondere Bedeutung. Drei weist auf den dreieinigen Gott hin: den Vater, Sohn und Heiligen Geist. Vier steht für die Erde mit ihren vier Himmelsrichtungen. Sieben – drei plus vier – und zwölf – drei mal vier – bedeuten die Gesamtheit von beiden. Die Acht ist Zeichen für die Auferstehung Jesu, weil er in der damaligen Zählung der Wochentage am achten Tag auferstanden ist.

Das Münster als Stadtkirche und Bischofskirche

Im Münster haben schon ganz unterschiedliche Menschen aus vielen Generationen und aus aller Welt gebetet und Gottesdienste gefeiert. Es wurde als Stadtkirche und Pfarrkirche gebaut. Seit 1827 hat der Erzbischof seinen Sitz in Freiburg. Seither ist das Münster auch Bischofskirche. Heute gibt es täglich Meditationen und Messen. Auch Taufen, Erstkommunionen, Firmungen, Beichten, Hochzeiten und Priesterweihen finden hier statt.

In den Messen feiert man das letzte Abendmahl Jesu mit seinen Jüngern vor seinem Tod. Der Altar erinnert an den Abendmahlstisch, um den Jesus mit den Jüngern versammelt war. Im Münster gibt es in den Seitenkapellen noch viele andere Altäre. Der wichtigste Altar war früher der Hochaltar. Heute werden die Messen am Gottesdienstaltar vorne gefeiert, weil sich die Messe verändert hat und die Menschen so näher beieinander sind.

Wie du weißt, ist das Münster eine Marienkirche. So findest du zahlreiche Bilder und Statuen von Maria. Die bekannteste steht innen über dem Haupteingang. Maria zeigt ihren Sohn Jesus Christus. Als Königin des Himmels trägt sie Krone und Zepter. Unter ihrem roten Mantel hat sie ein blaues Kleid an, das mit goldenen Sternen geschmückt ist. Deswegen heißt sie auch „Sternenmantelmadonna". Die blaue Farbe und die Sterne sind Zeichen für den Himmel. Blau steht aber auch für Treue und die Verbindung zu Gott. Rot ist die Farbe von Herrschaft und Macht, Liebe und Leben.

An den Pfeilern stehen die zwölf Apostel. Sie waren die Jünger und Freunde von Jesus und verbreiteten mit den ersten Christen seine Lehre und Liebe zu den Menschen. Wie die Säulen die Kirche stützen, so unterstützen die Apostel mit ihrem Leben bis heute die Gemeinschaft der Christen. In der Nähe des Haupteingangs empfangen die bekanntesten die Besucher: Petrus, Paulus, Johannes und Jakobus. Wenn du nach vorne zum Altar gehst, siehst du links den ungläubigen Thomas und rechts Jesus nach seiner Auferstehung. Thomas hatte nicht glauben wollen, dass ein Mensch vom Tod aufersteht. Jesus bietet ihm an, zum Beweis die Hände in seine Wunden von der Kreuzigung zu legen. Im Münster hat also der Zweifler einen Ehrenplatz bekommen.

Vor dem Gottesdienstaltar befindest du dich genau in der Mitte des kreuzförmigen Münsters. Über dir wölbt sich die Kuppel aus der ersten romanischen Bauphase. Wenn du jetzt nach oben schaust, siehst du, wie der Raum von einem Viereck in ein Achteck übergeht. Ganz in der Nähe steht ein großer Kerzenständer. Hier zünden viele Menschen eine Kerze an als Zeichen ihres Glaubens oder bei besonderen Anliegen. Dahinter steht eine Marienstatue.

Nach Maria ist auch die riesige Orgel links vom Chor benannt. Sie hat fast 5000 Pfeifen und ist die größte im Münster. Es gibt noch drei andere Orgeln: eine im Chor, im Mittelschiff die „Schwalbennestorgel" und eine weitere hinten auf der Empore über dem Haupteingang.

Die Fenster

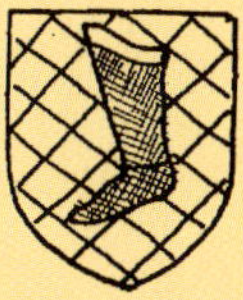

Am Ende der Bibel erzählt Johannes von einem Traum, in dem Gott mit den Menschen zusammen eine wunderschöne Stadt bewohnt. Es heißt dort, dass die Stadt wie ein Edelstein und wie reines Gold glänzt. Mit ihren bunt schimmernden Glasfenstern erinnert die Kirche daran.

Die mittelalterlichen Fenster setzen sich wie ein Mosaik aus vielen kleinen, bunten Glasstücken zusammen. Glas stellt man aus einer Mischung von Asche und Sand her, die bei sehr hoher Temperatur erhitzt werden. Fügt man in die heiße, geschmolzene Masse Metall, so wird das Glas gefärbt: Eisen ergibt grün, Kupfer rot und Kobalt blau. Aus der Schmelze werden dann einzelne Glasstücke hergestellt und zu Bildern zusammengesetzt. Solche Fenster waren natürlich sehr teuer. Reiche Freiburger Familien oder Zünfte, wie die Schuster, Schneider, Schmiede, Maler oder Bäcker, haben sie gespendet. Die Handwerkerfenster sind an ihren jeweiligen Wappen gut zu erkennen: Die Schuster haben einen Stiefel, die Bäcker eine Brezel, die Schmiede Hammer und Zange, die Schneider eine Schere.

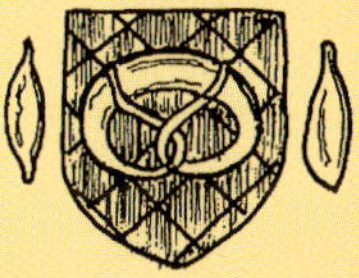

Auf den Fenstern sind wie in einem Bilderbuch viele biblische Erzählungen oder Heiligenlegenden dargestellt. Sie waren für die Menschen damals sehr wichtig, denn nur wenige konnten im Mittelalter lesen und schreiben.

Ein Fenster, das so genannte **Tulenhauptfenster**, kannst du dir genauer anschauen. Es befindet sich im südlichen Seitenschiff über dem Eingang. Gespendet wurde es von der Kaufmannsfamilie Tulenhaupt und von Bergleuten aus dem Schwarzwald. In den äußeren Fensterbahnen siehst du unten Bergleute in der Grube arbeiten: Links schlägt ein hell gekleideter Bergmann mit zwei blauen Hämmern das Silbererz frei, rechts ziehen zwei Bergmänner mit Schutzhelm und Hammer einen geflochtenen Korb mit dem Erz hoch.

Die Fenster über den Bergleuten erzählen vom Bischof Nikolaus, der im 4. Jahrhundert lebte. Seinen Gedenktag feiern die Christen am 6. Dezember. Nikolaus soll vielen Menschen, vor allem auch Kindern in Not, geholfen haben. Vier Legenden über ihn sind auf dem Fenster zu sehen: Links oben reicht Nikolaus, in allen Fenstern zu erkennen an seinem Bischofsstab und der Mitra auf dem Kopf, drei Mädchen ein Stück Gold. Ihr Vater hatte sie wegen seiner Armut

verkaufen wollen. Mit dem Gold konnten sie nun heiraten. Darunter erweckt Nikolaus drei Jungen zum Leben. Ein Wirt hatte sie ermordet und in ein Salzfass gesteckt. Deshalb ist Nikolaus der Schutzheilige (Patron) der Schülerinnen und Schüler.

Rechts werden Legenden aus der Zeit nach dem Tod des Heiligen erzählt. Oben wird ein reicher Kaufmann gezeigt. Er hatte von Nikolaus und seinen Wundern gehört. Als er auf Reisen ging, stellte er deswegen in seinem Haus eine Figur von Nikolaus auf, die auf alles aufpassen sollte. Trotzdem kam ein Dieb in sein Haus, und du kannst sehen, wie er mit der Beute davonschleicht. Bei seiner Rückkehr schlägt der Kaufmann voller Zorn mit einem Stock auf die Figur ein. Im Traum soll Nikolaus dann dem Dieb erschienen sein und ihm sein Leid geklagt haben. Daraufhin bereute dieser seine Tat und brachte die Beute wieder zurück. Dies ist auf dem Fenster allerdings nicht mehr zu sehen. So wurde Nikolaus auch der Patron der Kaufleute.

Im unteren Bild steht Nikolaus in einem Boot. Er vertreibt einen Seeteufel im Segel mit seinem Bischofsstab. Aus diesem Grund verehren ihn auch die Seeleute.

Die Nikolauskapelle

Den ältesten Figurenschmuck des Münsters siehst du an der Nikolauskapelle am Querhaus rechts. Sie liegt im Erdgeschoss des südlichen Hahnenturms. Durch sie gelangt man heute in den Chor und in die Chorkapellen.

Auf einer Säule, rechts neben dem Eingang, sitzt in einem Korb der griechische König Alexander der Große. Er hatte so viele Länder erobert, dass er sogar in den Himmel hinauf wollte. Sein Korb hängt an einem Seil, dessen beide Enden um die Hälse zweier fliegender Fabeltiere, Greife genannt, gelegt sind. Vor ihre Schnäbel hält Alexander zwei aufgespießte Hasen. Da die Greife hungrig sind, schnappen sie nach den Hasen und ziehen den Korb auf diese Weise in die Höhe. Alexander soll jedoch von seinem Vorhaben wieder abgekommen sein, entweder, weil es ihm nicht gelang oder weil er es sich anders überlegt hatte. Diese Darstellung soll davon abhalten, „zu hoch hinauf zu wollen“ und dabei im schlimmsten Fall „tief zu fallen“.

An der Wand wird die Fabel vom Wolf Isengrimm erzählt. Seine Eltern hatten zur Wiedergutmachung für ihr räuberisches Leben beschlossen, dass ihr Sohn Geistlicher werden sollte. Deswegen brachten sie ihn zur Klosterschule. Isengrimm lernt also mit Griffel und Buch das ABC von seinem Lehrer. Der Wolf jedoch interessiert sich vor lauter Hunger nur für das Schaf hinter ihm. Ungeachtet der Schläge und Drohungen packt er das Schaf mit seinen Klauen. Damit soll gezeigt werden, dass die Triebe der Tiere und Menschen weder durch Strafe noch durch Bildung abgeschafft werden können.

Chor und Kapellenkranz

Den Chor umgeben dreizehn Kapellen. Falls das Tor an der Nikolauskapelle geöffnet ist, kannst du sie dir ansehen. Sie wurden von reichen Freiburger Familien, der Universität und dem habsburgischen Kaiserhaus eingerichtet. Die Stifter ließen sich auf den Fenstern darstellen und sind in den Kapellen begraben. Diese sind nach ihren Stiftern benannt.

Auf der Chorsüdseite liegt die **Universitätskapelle**. Hier hat man früher viele Professoren der Universität bestattet. Berühmt ist die Kapelle wegen der Altarbilder. Sie sind von dem Basler Künstler Hans Holbein dem Jüngeren gemalt und zeigen die Weihnachtsgeschichte und die Anbetung der Heiligen Drei Könige. Das Christuskind leuchtet in der dunklen Nacht. Damit soll gezeigt werden, dass durch Christus Licht in die dunkle Welt kommt, in der es viel Gewalt und Not gibt. Auf beiden Bildtafeln sind Ruinen zu sehen. Denn die alte Welt liegt in Trümmern und durch Jesus wird alles neu aufgebaut. Unten sieht man die Stifterfamilie, Hans Oberried mit seiner Frau, seinen Kindern und deren Ehepartnern.

Das älteste Kunstwerk im Münster befindet sich in der **Villinger-kapelle**, auch Böcklinskapelle genannt. Hier hängt ein fast drei Meter hohes, 800 Jahre altes Silber-kreuz an der Wand. Die vergoldete Christusfigur hat Wunden an Brust, Händen und Füßen, die mit bunten Edelsteinen bedeckt sind. Die Kreuz-balken sind mit silbernen Reliefs geschmückt, auf denen die Evangelisten oder ihre Symbole zu sehen sind. Der Löwe steht für Markus. Das Lamm ist ein Zeichen für Jesus Christus: Er wurde wie ein Lamm getötet, obwohl er selbst keine Gewalt angewandt hatte.

In der **Lochererkapelle** steht ein großer, 500 Jahre alter, aus Holz geschnitzter Altar. Auf ihm ist eine Schutzmantelmadonna dar-gestellt. Maria birgt schützend unter ihrem ausgebreiteten Mantel zahlreiche betende Menschen: Links den Papst, einen Kardinal, einen Bischof und Mönche, rechts einen König, einen Fürst, Bür-ger, Handwerker und Bauern. Das Motiv des „Schutzman-tels" stammt aus dem anti-ken und mittelalterlichen Recht. Durch Umhängen des Mantels konnte man Kinder oder Erwachsene in Not adoptieren und ihnen so Schutz geben. Der Altar wurde von dem Bildhauer Sixt von Staufen angefertigt, der aus der nahe gelegenen Stadt Staufen stammte.

Der Hochaltar

Im Chor steht der wichtigste Altar im Münster, der Hochaltar. Die Altartafeln wurden von dem Straßburger Künstler Hans Baldung Grien von 1512 bis 1516 gemalt. Der Altar lässt sich verwandeln. Er hat außen bewegliche Flügel, die sich auf- und zuklappen lassen.

In der Advents- und Weihnachtszeit sind die Altarflügel geschlossen. Auf vier schmalen Bildern ist die Menschwerdung Gottes in Jesus Christus zu sehen. Auf dem linken ist die Verkündigung der Geburt Jesu durch den Erzengel Gabriel an Maria dargestellt. Von rechts nähert sich der stürmische Engel der überraschten jungen Maria im blauen Kleid. Im Bild daneben besucht die schwangere Maria ihre ältere und ebenfalls schwangere Freundin und Verwandte Elisabeth. Sie begrüßen einander herzlich. Die kleinen Hasen zu Füßen der Frauen stehen für das heranwachsende Leben in Maria und Elisabeth. Auf dem dritten Bild siehst du die Weihnachtsgeschichte von der Geburt Jesu. Jesus ist wie auf dem Altar in der Universitätskapelle die einzige Lichtquelle in dem dunklen Bild. Denn durch ihn kommt Licht in die dunkle Welt.

Ganz rechts befinden sich Maria und Josef mit dem Kind auf der Flucht. Ein Engel hatte Josef im Traum vor König Herodes gewarnt, der alle neugeborenen Jungen töten lassen wollte. Deswegen flohen sie nach Ägypten. Einer Legende nach neigte sich eine Dattelpalme, als die Familie darunter hindurchging. Auf dem Bild reichen kleine, hilfreiche Engel Jesus und Maria die Früchte.

Die meiste Zeit im Jahr ist der Altar offen. In der Mitte ist auf einem großen Bild die prächtig gekleidete und hübsch gelockte Maria dargestellt, die von ihrem Sohn Jesus Christus, von Gott Vater und dem Heiligen Geist – in Gestalt einer Taube – zur Königin des Himmels gekrönt wird. Viele lustige Engel spielen, singen oder musizieren mit Geige, Cello, Harfe und Posaune. Einer schaut unter dem Mantel von Maria hervor. Es herrscht fröhliches Treiben und gleichzeitig wirkt alles sehr feierlich. So wie Maria auf dem Bild empfangen wird, hoffen auch die Christen, nach ihrem Tod von Gott im Himmel aufgenommen zu werden.

Auf den beiden schmalen Bildern rechts und links sind jeweils sechs Apostel zu sehen. Sie werden von Petrus und Paulus angeführt.

Auf der Rückseite des Hochaltars ist die Kreuzigung Jesu dargestellt. Du kannst dir das Bild vom Chorumgang aus anschauen. Jesus ist sterbend am Kreuz in der Mitte zu sehen. Rechts und links von ihm hängen zwei Verbrecher, die mit ihm gekreuzigt wurden. Der linke schaut hoffnungsvoll zu Jesus, der rechte hat seinen Kopf nach unten geneigt. Der Evangelist Lukas hat geschrieben, dass der eine Verbrecher Jesus verspottet habe. Der andere aber bereute seine Taten, woraufhin Jesus ihm versprach, dass er mit ihm gemeinsam ins Paradies käme. Links stützt der Lieblingsjünger Johannes Jesus Mutter Maria. Eine verzweifelte junge Frau mit lockigem, langen Haar umklammert das Kreuz. Es ist Maria Magdalena, die mit Jesus sehr verbunden war. Er hatte sich um sie besonders gekümmert, obwohl sie in ihrem Leben viel Schuld auf sich geladen hatte.

Viele weitere Personen sind teils trauernd, teils schadenfroh oder nachdenklich an dem Geschehen beteiligt. Drei Männer schauen aus der rechten Bildhälfte heraus, so als wollten sie fragen: „Was denkst du über dieses Bild?" Unter ihnen befindet sich der Maler Hans Baldung Grien mit einer roten Kappe.

Zum Schluss kannst du dir noch ein paar Sehenswürdigkeiten im Langhaus anschauen.

SEBASTIANO · DE · BLVMENEGG · PATRICIO · EGIDIO · HAS · VDALRICO · WIRTNER
PLEBIS · MAGISTRATIBVS · NICLAO · SCHEFER · EDIS SACRE THESAVRARIIS

Das Heilige Grab

Im südlichen Seitenschiff befindet sich in einer Nische ein Grab. Thema der Figurengruppe ist der Glaube an die Auferstehung Jesu nach seinem Tod. Die Evangelisten erzählen, dass Jesus nach seinem Tod in ein Grab gelegt wurde, das sich in einer Höhle befand. Es wurde mit einem schweren Stein verschlossen und von Soldaten bewacht. Als nach drei Tagen am frühen Morgen drei Frauen den Leichnam salben wollten, war das Grab leer. Ihnen erschienen Engel und sagten: *„Er ist nicht hier; denn er ist auferweckt worden, wie er gesagt hat."* Bei diesem Heiligen Grab wird die Grablegung am

Karfreitag und die Begegnung der Frauen mit den Engeln am Ostermorgen zusammen gezeigt.

Auf dem Grab liegt Jesus, der an den Wunden der Kreuzigung zu erkennen und in Weinreben gebettet ist. Hinter ihm stehen die drei Frauen und die Engel. Am Sockel sieht man die Soldaten, die bei ihrer Wache eingeschlafen sind.

Von Karfreitag bis Ostern, wenn Tod und Auferstehung gefeiert werden, besuchen die Menschen besonders oft das mit Blumen geschmückte Heilige Grab.

Der Ritter auf dem Löwen

Rechts neben dem Heiligen Grab steht zwischen den Bögen an der Wand eine große betende Ritterfigur in Rüstung. Sie trägt einen Kettenpanzer, eiserne Handschuhe und einen Helm. Am Gürtel befinden sich ein Langschwert und ein Kurzschwert. Zu ihren Füßen kauert ein Löwe als Zeichen der Stärke und Macht. Die Figur war ursprünglich Teil eines Hochgrabes, eines großen Steinsargs, in den der Verstorbene gebettet war. Nach dem Entfernen des Grabes, brachte man die Platte mit der Figur an der Wand an.

Lange glaubte man, dies sei ein Grabbild von Herzog Bertold V., dessen Familie Freiburg gegründet hatte und unter dessen Herrschaft der Bau des heutigen Münsters begonnen worden war. Er war 1218 gestorben und wurde irgendwo im Münster begraben.

Mittlerweile weiß man, dass die Ritterrüstungen zu Lebzeiten Bertolds anders aussahen. Die Rüstung der Figur gab es erst später. Deshalb vermutet man jetzt, dass es sich bei dem Ritter um die Grabfigur eines späteren Grafen von Freiburg handelt, um Graf Friedrich, der 1356 starb.

Die Zerstörung Freiburgs im 2. Weltkrieg

Am 27. November 1944 wurde die Stadt Freiburg bei einem Bombenangriff verwüstet. Fast die gesamte Innenstadt wurde innerhalb von 20 Minuten durch Bomben und nachfolgende Feuer zerstört. Über 3000 Menschen kamen dabei ums Leben.

Ein Bild von den Trümmern der Stadt siehst du links vom Hauptportal im nördlichen Seitenschiff. Man erkennt darauf, dass das Münster nicht zerstört wurde. Es hatte nur kleinere Schäden, wenn man 80.000 abgesprengte Dachziegel als kleinen Schaden bezeichnen kann. Die Menschen sprachen damals von einem Wunder. Für die Freiburger war es sehr wichtig, dass ihr Münster stehen geblieben ist. Das gab ihnen Mut und Kraft, die Stadt wieder aufzubauen.

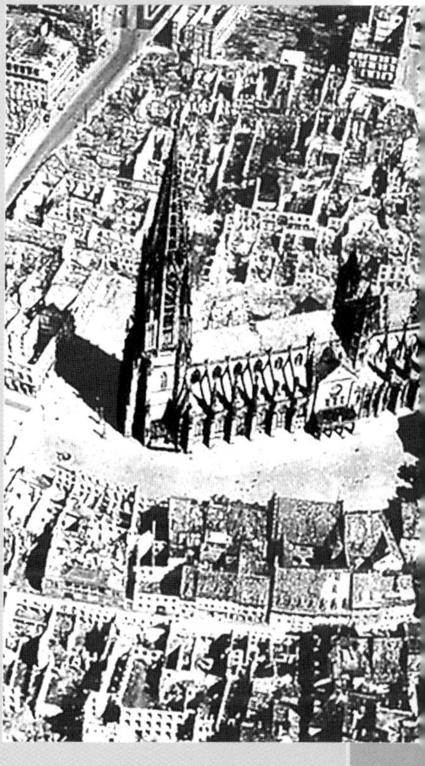

Da der Angriff kurz vor Wintereinbruch stattfand, mussten die Dächer schnell eingedeckt werden, damit kein Wasser in das Innere eindringen konnte. Dabei haben sogar die Bürger von Basel den Freiburgern zur Seite gestanden und viele tausend Ziegel nach Freiburg geschickt.

Bilder für Blinde

Für blinde Menschen gibt es dort auch zwei Relieftafeln aus Bronze: Die Südseite des Münsters und den Turm. So können blinde Menschen die Formen des Münsters ertasten und eine Vorstellung vom Bauwerk bekommen. Schließe doch selber einmal die Augen und probiere es aus.

Freiburg von oben

Eine Klettertour auf den Turm

Wenn du dir die herrliche Turmspitze aus der Nähe anschauen möchtest, musst du auf den Turm steigen. 263 Stufen sind es bis zur Aussichtsplattform und weitere 70 Stufen bis zum obersten Umgang am Ansatz der Turmspitze.

Der Eingang befindet sich außen auf der Südseite des Turms. Zunächst steigt man über eine alte, enge Wendeltreppe hinauf. Dort gibt es schmale Fensteröffnungen, durch die man auf Pfeiler, Bögen, Steinfiguren, den Münsterplatz und die Stadt blicken kann.

Nach 153 Stufen kommst du in den 18 m hohen Glockenstuhl. Die ganze Konstruktion aus großen Tannenbalken steht frei im Turm, damit sich die Schwingungen der schweren Glocken ganz oben nicht auf die Mauern übertragen. Schon 1290 wurde der Glockenstuhl errichtet und ist damit einer der ältesten in Deutschland.

Über eine Eisentreppe geht es an einem alten Lastenrad vorbei. Ein oder zwei Personen sind in solchen Rädern gelaufen und haben über eine Seilwinde schwere Baumaterialien und die Glocken hochgezogen. Im Freiburger Münster sind noch drei alte Lastenräder vorhanden. Die beiden anderen Lastenräder befinden sich im Langhaus- und im Chordachstuhl.

Nach wenigen Stufen kommst du in die Stube des Turmwächters, der dein Eintrittsgeld entgegennimmt sowie Postkarten und Bücher über das Münster verkauft. Früher musste der Turmwächter, wie es der Name sagt, über Münster und Stadt wachen. Bei Feuer warnte er die Bürger mit einem Alarmrohr. Es hängt an einem der Balken neben alten ledernen Löscheimern und einer Feuerlaterne. Der Turmwächter läutete früher auch die Glocken und zog die Turmuhr auf. Hinter der Kasse siehst du die alte Uhr des berühmten Straßburger Uhrenmachers J. B. Schwilgué von 1851. Uhr und Glocken werden heute elektrisch betrieben. Zu den Glocken gelangst du links über die Holztreppe. Oben siehst du eine Schautafel, auf der alle Glocken erläutert sind. 16 Glocken hängen hier. Die älteste ist die „Hosanna", die vor mehr als 700 Jahren gegossen wurde.

Von der Turmwächterstube aus erreichst du über eine Wendeltreppe die Aussichtsplattform. Man kann von hier aus direkt in die offene Turmspitze hineinsehen und hat einen herrlichen Blick über die Stadt und in die Umgebung. Über die Wendeltreppe weiter kommst du zum höchsten Aussichtspunkt direkt am Ansatz der Turmspitze.

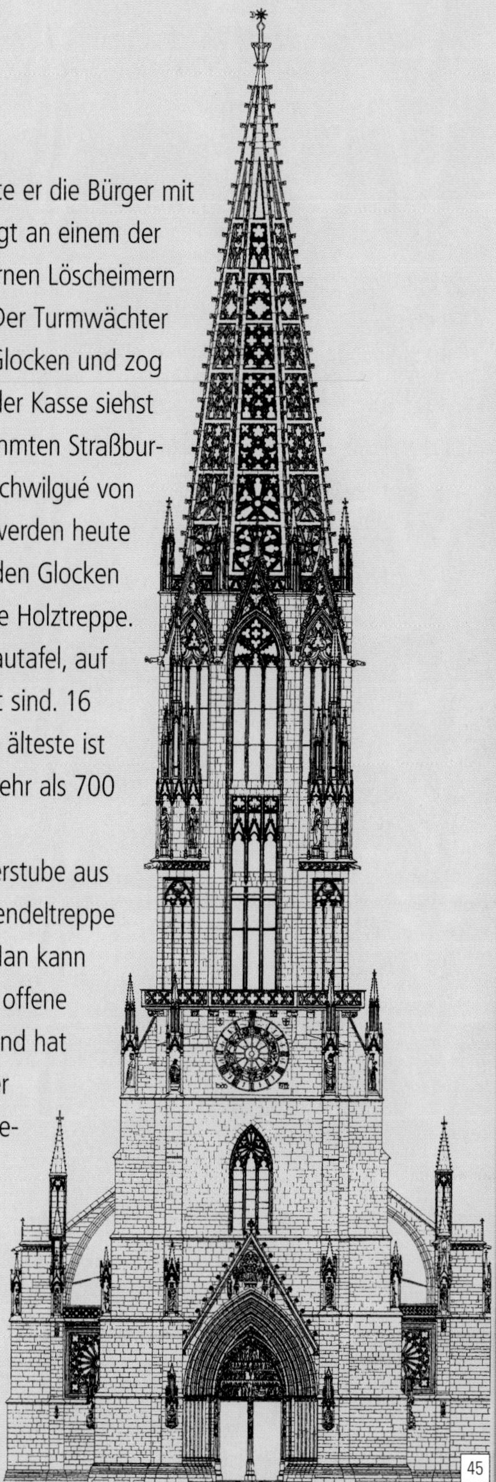

Wie man das Münster heute erhält

Die Freiburger Münsterbauhütte

Wenn du heute vor dem Münster stehst, siehst du immer irgendwo am Bau Gerüste. Der Grund dafür sind die roten und gelben Sandsteine, die verwittern. Sandstein ist ein sehr weicher und grobkörniger Stein. Wenn du einmal ganz nah an den Stein herangehst, kannst du die einzelnen Körner sehen. Die Umweltverschmutzung, die Nässe durch Regen und Schnee und der Kot der Tauben beschädigen die Steine. Deswegen müssen sie repariert, ergänzt oder sogar ausgetauscht werden.

Diese Arbeiten führen die Steinmetze und Bildhauer der Münsterbauhütte durch. Ihre Werkstatt befindet sich am Schlossberg, nicht weit vom Münster.

Bis auf wenige moderne Hilfsmittel, wie zum Beispiel motorisierte Kräne, arbeiten sie noch wie ihre Vorgänger im Mittelalter. Auf den Fotos siehst du den Hof der Bauhütte, wo die großen Steinblöcke gelagert sind, und wie eine Bildhauerin einen Engel bearbeitet.

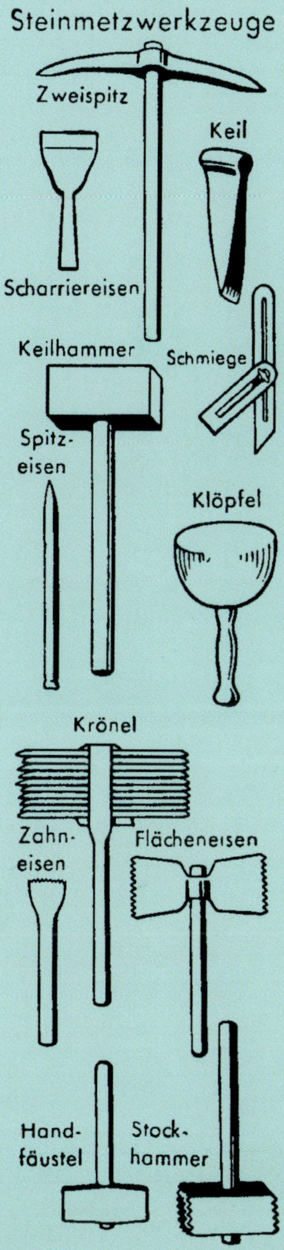

Werkleute der Münsterbauhütte 1920 mit der erneuerten Spitze des Hauptturmes

Hrsg: Freiburger Münsterbauverein in Zusammenarbeit mit c-punkt-Münsterforum, Freiburg

Koordination: Heike Mittmann und Markus Aronica

Autoren: Markus Aronica, Annekatrin Geissler, Ruth Hoetzel, Barbara Kramer, Heike Mittmann, Stephanie Zumbrink.
Wir danken den Autoren für ihre Mitarbeit.

Bildnachweis:
S. 3: Museum für Stadtgeschichte, Freiburg
S. 8, 9: Peter Schmidt, Freiburg
S. 15, 24, 26, 49: Dr. Willi Vomstein
S. 23: Wolf-Christian von der Mülbe
S. 38: Augustinermuseum Freiburg
S. 43: Stadtarchiv Freiburg
Alle übrigen Fotoabbildungen: Freiburger Münsterbauverein

Zeichnungen:
Titel, S. 2, 3, 4, 7, 10, 16: Benedikt Schaufelberger; S. 18: Peter Schmidt (nach historischer Vorlage), S. 27, 45, 47: Freiburger Münsterbauverein

www.herder.de

Endredaktion: Anima Kröger

Grafische Gestaltung:
Tatjana Baist und Peter Schmidt

Gesamtherstellung:
smp – schmidt media production, Freiburg
www.smp-media.com

Druck: J. P. Himmer, Augsburg

ISBN: 3-451-28080-9

Wir danken Eugen Martin für die großzügige Unterstützung!